AF257412

PREMIER RAPPORT

Sur l'emploi des 100,000 liv.

COMMUNE

DE

PARIS.

PREMIER RAPPORT

Sur l'emploi des 100,000 livres décrétées le vingt-deux Août 1792 pour dépenses extraordinaires de la Commune.

Séance du Mercredi matin 19 Décembre 1792, l'an premier de la République.

L E Conseil-général, par son arrêté du 27 novembre, a nommé des commissaires à l'effet d'examiner et vérifier le compte des cent mille livres décrétées le 22 août dernier, par l'assemblée nationale législative, pour subvenir aux dépenses extraordinaires de la commune provisoire du 10 dudit mois d'août.

D'abord le nombre et la nature des pièces de ce compte, dont

A

un seul de vos commissaires pouvoit préparer le dépouillement; ensuite, des circonstances impérieuses qui ont enchaîné l'attention du conseil-général, tels sont les motifs du retard de notre rapport.

Dès le 30 novembre, munis de vos pouvoirs, nous nous sommes transportés à la trésorerie de la commune: au même moment, le citoyen Vallet de Villeneuve, trésorier, nous a présenté le compte que nous étions autorisés a lui demander. Ce compte est un bordereau ci-annexé des mandats par lui payés sur la somme de 100,000 livres. Ce bordereau contient soixante-dix pages in folio, dont une seule, la douzième, est en blanc; les autres sont remplies sans lacunes, sans ratures, ni interruption. Toutes ont été cottées et paraphées, tant par le trésorier, que par vos commissaires. Le trésorier a encore déclaré que ce bordereau étoit l'extrait sincère et véritable du registre-journal qu'il tient pour sa comptabilité.

La recette est composée de quatre articles, y compris celui de 100,000 livres; ensuite de la recette, et sur la même page, est inscrit le certificat des citoyens Lesguilliez et Guinot, administrateurs du département des domaine et finances de la commune; ledit certificat porte l'attestation de l'exactitude du bordereau dans son contenu.

La dépense est composée de 745 articles, y compris le n°. 708 bis. Les paiemens sont annexés, faits dans l'intervalle du 20 août au 17 novembre, inclusivement.

Après cette première opération, et sans désemparer, le citoyen trésorier nous a exhibé les pièces justificatives au nombre de 749, tant de la recette que de la dépense.

Vos commiss.ires les ont toutes lues, toutes vérifiées, toutes comparées avec les annexés au bordereau; ils les ont de suite rendues au trésorier, aux fins que de droit.

Tous ces faits sont consignés au procès-verbal, ci annexé, clos ledit jour 30 novembre, en présence, et signé tant par le trésorier, que par vos commissaires.

Depuis cette époque, nous nous sommes occupés de la rédaction du compte, dans une forme qui présentât à tout lecteur l'ensemble des dépenses de même nature ; et ce travail a donné lieu à une remarque très importante ; c'est que ce compte relate les causes et les effets d'une multitude d'opérations ; on y trouve aussi le nom des acteurs, et le lieu de presque toutes les scènes ; ce compte enfin a paru à vos commissaires renfermer de nombreux renseignemens sur presque toutes les responsabilités autres que celle du comité de surveillance de la commune du dix août ; et, sous ce rapport, il seroit possible que le conseil-général trouvât juste et utile d'en ordonner un relevé.

Ceci n'est que de simple observation ; car vos commissaires ont dû se retrancher dans la nomenclature des dépenses et dans la présentation sommaire d'un compte matériel, celui du trésorier qui avoit reçu les fonds et qui en avoit fait emploi.

Avant d'en donner le détail au conseil-général, il est du devoir de vos commissaires de vous assurer que le trésorier paroît parfaitement en règle, en ce que chaque mandat est signé ou par le conseil-général assemblé, ou par ceux de ses membres par lui chargés de missions ; qu'à l'égard de ces derniers mandats, la signature des membres est certifiée par le secrétaire-greffier ; qu'à l'égard de tous, les commissaires membres des diverses administrations ont ordonnancé la somme à payer, et que les acquits des parties prenantes au bas des mandats ainsi ordonnancés, attestent que les paiemens ont été effectués.

Nous venons de vous annoncer que la recette des comptes dont il s'agit, étoit composée de quatre articles :

Le premier de 100.000 livres, somme décrétée le 22 août, somme acquitée par la trésorerie nationale le 30 du même mois, ainsi qu'il résulte de l'ampliation représentée de l'ordonnance du ministre de l'intérieur ci. 100,000l.

D'autre part. 100,000

3 - 13 - 6 reçus de Cautel, membre du conseil-
général, pour prix d'un ruban tricolore et
d'une cocarde qui lui avoient été délivrés
pour sa décoration personnelle.

464-12- 4 { 154-11- 4 Pour le produit de cent deux
jettons d'argent saisis par Don-
nay chez de Menou, rue royale

310 - 1 - Pour espèces monnoiées saisies
par Donnay chez le même
particulier.

468- 5 - 10 ci. . . . . 468 - 5 - 10

Ensemble. . . . . 100,468 - 5 - 10

Indépendamment de ce que ces trois articles sembleroient appar-
tenir à un autre compte du Corps-Municipal, vos commissaires ont
observé que les deux derniers montant à 464 livres 12 sols 4 deniers
ne sont qu'un revirement de caisse, relativement auquel le trésorier
fait dépense, le même jour, sous le numéro 741, de 410 livres
1 sol pour pareille somme en assignats, remise à Donnay en échange
du produit des jettons et espèces monnoiées par lui saisis, de manière
que, dans le fait positif, l'emploi en recette par le trésorier se ré-
duisoit à la différence entre 468 livres 5 sols 10 et 410 livres 1 sol;
c'est-à-dire 58 livres 4 sols 10 deniers.

Quoiqu'il en soit, vos commissaires ont laissé subsister les choses
dans l'état que présente le bordereau du trésorier, et la recette totale
vous est soumise pour la somme ci-dessus de 100,468 livres 5 sols
10 deniers.

Quant à la dépense, elle s'élève à la somme totale de 104,388 liv.
2 sols 10 deniers, Vos commissaires ne préjugent pas si elle devoit,
ou ne devoit pas être affectée sur le fonds de 100,000 livres : seulement ils ont crû devoir en former cinq chapitres distincts.

CHAPITRE PREMIER.

Vos commissaires lui ont donné la dénomination de *deniers comptables*, c'est-à-dire des sommes acquittées par le trésorier de la commune dans la forme ci-dessus expliquée, et qui par cette raison, sont une dépense à sa décharge; mais qui ayant été par lui payées en masse ou en détail sur les ordres, ou à des agens chargés d'administrations particulières, deviennent à l'égard de ces agens une recette dont ils doivent compter; en voici les objets.

1°. *Sommes payées à divers sur les ordonnances des administrateurs des travaux publics.*

	MANDATS.	SOMMES.			MANDATS.	SOMMES.		
		l.	f.	d.		l.	f.	d.
Démolition et enlèvement des monumens de la féodalité..	10 --	2,145	6					
Travaux exécutés au Temple.	1 --	15,000						
Travaux exécutés aux Tuileries.	8 --	24,191	15	4				
Fourniture de terrines placées au pourtour des Tuileries.	2 --	1,971						
Idem. Au poste de la barrière Montmartre..........	1 --	5	14					
Etablissement de barrières et palissades au pourtour des Tuileries..........	3 --	12,102	18	6				
Entoisage de pierres provenant de la démolition des maisons du Carousel...... •.	3 --	872	18					
Frais de dépouille et d'inhumation des cadavres apportés au petit Mont-Rouge.....	2 --	2,296	5	6				
Totaux de cette section....	30 --	58,585	17	4	30 --	58,585	17	4

2°. *Sommes payées à divers sur les arrêtés du Conseil-général.*

	MANDATS.	SOMMES.	MANDATS.	SOMMES.
		liv.		liv. s. d.
Travaux exécutés au Temple.	1 --	10,000		
Avances à des membres de la Commune pour dépenses relatives à diverses opérations.	3 --	7,800		
Totaux de cette Section.	4 --	17,800 ci...	4 --	17,800

3°. Sommes payées sur ordonnances de la Commission des Hôpitaux. 2 --   150

4°. Sommes reçues par Donnay, conformément à ce qui est expliqué à la recette du présent compte. . . . . 1 --   410 1

Totaux du premier chapitre de la dépense. . . . 37 --   76,945 18 4

CHAPITRE DEUXIÈME.

Il comprend des reprises à exercer sur la caisse du département de la guerre qui doit en faire le remplacement à celle de la Commune, laquelle a pu seulement en faire l'avance.

Les reprises, au nombre de six, sont le résultat d'autant d'arrêtés du Conseil-général pour dix-neuf cent soixante-six livres.

Mand. Sommes.

ci. . . . . 6— 1,966

CHAPITRE TROISIÈME.

Il comprend diverses dépenses dont les motifs sont clairement énoncés dans les mandats, sans confusion, sans mélange ainsi qu'il suit.

	MANDATS.	SOMMES.	MANDATS.	SOMMES.
1°. Secours à divers.				
SAVOIR:				
A Delboyes et Deshayes, commissaires de la Section de Bonne-Nouvelle, pour les Pauvres de ladite Section.		liv. s.		liv. s.
A Delboyes et Deshayes, commissaires de la Section de Bonne-Nouvelle, pour les Pauvres de ladite Section.	1 —	300		
A des personnes détenues à la force.	1 —	39		
A une citoyenne dont le mari à péti par l'explosion qui a eu lieu à la Halle aux Draps.	1 —	25		
A des femmes dont les maris ou enfans étoient partis pour les frontières.	2 —	75		
A celles méphitisées à la ci-devant maison des célestins.	1 —	16 9		
Totaux de cette Section.	6 —	455 9	Ci., 6 —	455 9
2°. Indemnités à divers.				
SAVOIR:				
A Broy, pour perte de son porte-feuille et de ses effets en revenant de l'expédition d'Orléans pour le transport des prisonniers.	1 —	150		
A le Roux, pour perte de son porte-feuille dans l'affaire des Champs-Élisées.	1 —	350		
Totaux de cette Section.	2 —	500	Ci., 2 —	500

	MANDATS.	SOMMES.		MANDATS.	SOMMES.		
		liv.	sols.		liv.	sol.	d.
D'autre part.				8	955.	9	3

3°. *Fournitures particulières pour le service du conseil-général ;*

SAVOIR :

	MANDATS.	SOMMES	
		liv.	sols.
Rubans et cocardes tricolores.	7 —	1,912	18
Achat d'un coffre-fort pour la conservation des dépôts confiés à Tallien.	1 —	30	
Frais d'impression de la réponse de Chaumette, à la municipalité de Lagny. . .	1 —	500	1
Ports de lettres.	2 —	51	
Fournitures de bureaux, . . .	2 —	18	11
Totaux de cette Section.	13 —	2,512	10

13 — 2,512 ; 10

4°. *Mesures de sûreté générale ;*

SAVOIR :

	MANDATS.	SOMMES				
		liv.	sols.		liv.	sols.
Transport des canons aux lieux du danger, les 10 août et 3 septembre.	7 —	173				
Récompenses pour dénonciations.	1 —	100				
Frais d'arrestation.	3 —	155	19			
Appositions de scellés. . .	5 —	395	19			
Ouverture de portes, armoires, secrétaires, malles et autres objets préjugés contenir des choses suspectes.	12 —	113	15			
Conservation et garde des propriétés nationales. . .	2 —	131				
Fouille et transport de cercueils de plomb retirés des églises.	1 —	20	15			
Salaires de gardiens, et nour-						

	MANDATS.	SOMMES liv. s. d.		MANDATS.	SOMMES. liv. s. d.
Ci-contre,	31 -- 1,093	8			
ritures de chiens préposés à la garde et conservation des scellés et objets saisis chez divers particuliers. .	210 -- 5,994	3			
Salaires et journées d'ouvriers, et autres personnes employées tant à la levée des scellés qu'aux inventaires et transport des effets saisis chez divers particuliers. . .	54 -- 1,940	18			
Transport dans différens dépôts, tant des matières retirées des églises que des divers objets saisis chez des émigrés.	63 -- 1,809	19 6			
	358 --10,835	3 6		358 -- 10,835	3 6

5°. *Dépenses relatives aux prisonniers ;*
SAVOIR :

	MANDATS.	SOMMES liv. s. d.		MANDATS.	SOMMES. liv. s. d.
Détachement envoyé à Orléans.	6 --2,005	18			
Translation des prisonniers dans diverses maisons d'arrêt.	2 -- 222	12			
Dépenses relatives aux Suisses et autres personnes détenues au ci-devant palais Bourbon.	7 --3,054	6			
Surveillance des individus morts au châtelet. . . .	2 -- 34				
Ouverture de charniers et cimetières à l'effet d'y déposer les corps morts.	1 -- 36				
Transport, dépouilles et inhumation des cadavres trouvés dans les diverses prisons.	13 -- 1,859	10			
Totaux de cette Section. .	31 --7,213	6		31 -- 7,213	6

6º. Diverses dépenses causées par la révolution ; SAVOIR :

	MANDATS.	SOMMES.	MANDATS.	SOMMES.
		liv. f. d.		liv. f. d.
Loyer et nourriture des chevaux de la vingt-neuvième division de la cavalerie nationale employés à la révolution.	1 -- 672			
Loyer de chevaux et autres frais relatifs à diverses proclamations dans Paris. . .	16 -- 279 18			
Nourriture et rafraîchissemens à divers membres du conseil, occupés nuit et jour à des opérations urgentes, et chargés de missions très-actives.	10 -- 363 18			
Voitures et chevaux employés aux divers mouvemens commandés par le salut public, dans la capitale et les environs.	234- 1,641 10 6			
Totaux de cette Section.	261--3,257 6 6		261 -- 3,257 6 6	
Totaux du troisième chapitre de la dépense. . . . . . ;			671 -- 24,772 9. 6	

Nota. Aux termes d'un mandat nº. 392, page 40 du compte, Bourdon-Vatry a reçu, à la charge par lui d'en faire le versement à la trésorerier nationale, la somme de *cent cinq livres*, à laquelle avoient été fixés les salaires attribués au gardien des scellés apposé à Mont-Regard, des quels salaires ledit gardien, *non désigné*, a fait offre en don patriotique pour les dépenses de la guerre, et ladite somme de 105 livres faisant partie de celle de 5,994 liv. 3 sols ci-dessus, pour garde de scellés, est ici tirée seulement pour *mémoire*.

CHAPITRE QUATRIÈME.

Il ne contient qu'un seul article, parce que vos commissaires vérificateurs n'ont pû l'assimiler à aucun autre ; cet articles sous le numéro 224, page 25 du bordereau du trésorier ; s'exprime dans les termes suivans ;

« Mandat du 4 septembre, signé Nicoult, Jérôme, Lamarck, commissaires de la commune, visé Méhée, au profit de Gilbert Petit

» pour prix des journées qu'il a employées avec ses camarades, 48 liv. »

Vos commissaires vérificateurs scrupuleusement attentifs à leur devoir, et ne perdant pas de vue l'importance de l'obligation que vous leur avez imposée, n'ont pas manqué, pour cet article comme pour tous les autres du compte, d'en comparer le libellé avec la pièce correspondante, et qui en justifioit la mention numérique au bordereau. Ils ne diront rien du sentiment douloureux qu'ils ont dû éprouver en faisant cette comparaison ; le conseil-général va juger à quel point leur tâche a été pénible, par la nécessité où ils se trouvent de lui donner lecture de la copie de la pièce justificative de l'article ci-dessus, copie que le trésorier a refusé de certifier conforme à l'original resté entre ses mains, copie que nous n'avons pas pensé devoir insérer dans notre rapport.

Nota. *Lecture de cette copie a été faite au conseil-général au moment du rapport.*

CHAPITRE CINQUIEME.

Il contient :

1°. des dépenses dont l'objet, quoique vraisemblablement relatif à la révolution, n'est pas cependant articulé dans les mandats.

2°. Des dépenses de même nature que celles comprises au chapitre troisième du présent rapport, mais dont la somme totale applicable à plusieurs objets, n'indique pas la somme partielle de chacun d'eux.

C'est ici pour les commissaires vérificateurs le cas de prier le conseil-général de vouloir bien se rappeller les circonstances impérieuses au milieu desquelles ont agi les membres pris dans son sein et qu'il a chargés des missions les plus importantes, comme aussi le manque de temps, et conséquemment l'impossibilité physique de remplir, avec précision, avec exactitude, les mandats exigés par la clarté et l'ordre de la comptabilité.

Vos commissaires vérificateurs observent de plus que, si quelques membres ont paru s'être écartés de cet ordre et des formes qu'il entraîne ; leur ignorance, suite nécessaire d'un défaut d'habitude pratique dans ce genre, seroit certainement très-pardonnable ; car des missions majeures, des missions qui intéressoient le salut public ont été confiées à ces commissaires ; ces missions ont été remplies avec zèle, avec courage, et ce seul point de vue leur mériteroit encore la reconnoissance de leurs concitoyens.

En dernière analyse, les dépenses comprises dans ce cinquième chapitre sont établies par trente mandats, pour la somme de 655 liv 15 sols.

RÉCAPITULATION DE LA DÉPENSE.

	MANDATS.	SOMMES.		
		liv.	f.	d.
CHAPITRES. 1er	27 —	76,945	18	4
2eme	6 —	1,966		
3eme	671 —	24,772	9	6
4eme	1 —	48		
5eme et dernier	30 —	655	15	
Totaux pareil à l'énoncé au reste du rapport	745 —	104,388	2	10

RÉSULTAT.

	liv.	f.	d.
La dépense du compte du trésorier est de	104,388	2	10
Et la recette de	100,468	5	10
Excédant de dépense	3,919	17	

Signé, BURTÉ, DAVID, DE LA DREUX, Jeune.

COMMUNE

DE

PARIS.

SECOND RAPPORT

Sur l'emploi des 100,000 livres décrétées le 2 Août 1793, pour les dépenses extraordinaires de la Commune.

Séance du vendredi, 25 Janvier 1793, l'an deuxième de la République.

CITOYENS,

Lors du rapport fait dans votre séance du mercredi matin 19 décembre dernier, et mis de nouveau sous vos yeux le lundi 7 du présent mois, du compte de 100,000 livres, laissées à la disposition de la commune provisoire du 10 août, pour servir à l'acquittement de ses dépenses extraordinaires, vos commissaires vérificateurs pensèrent qu'il étoit de leur devoir de vous communiquer une remarque importante, suite naturelle de l'examen qu'ils avoient fait de l'emploi de cette somme; c'est-à-dire, que le compte qui leur en avoit été remis par le citoyen trésorier, paroissoit relater les causes et les effets d'une multitude d'opérations.

Vos commissaires vérificateurs ajoutèrent dans leur rapport, qu'on trouvoit aussi dans ce compte le nom de ceux qui avoient rempli un rôle quelconque, de même que le lieu de presque toutes les scènes de la révolution; qu'enfin ce compte, autant et peut-être même plus que les procès-verbaux des séances du conseil général, pendant les mois d'août, septembre et octobre, offroit de nombreux renseignemens sur presque toutes le responsabilités, autres que celle du comité de surveillance; et que, sous ce seul point de vue, il seroit possible que le conseil général trouvât juste et utile d'en faire faire un relevé par extrait.

Citoyens, vos commissaires ont préjugé à cet égard votre opinion, puisque vous avez ordonné ce travail secondaire: vous avez eu même la bonté de m'en accorder la préférence; je vais donc vous en soumettre le résultat : j'ai fait de mon mieux pour répondre à cette marque de votre confiance.

Ce nouveau travail est, comme je viens de l'annoncer, un extrait tant de celui déjà présenté à votre examen, que de quelques détails contenus dans le borderau du trésorier; cet extrait divisé en plusieurs parties, j'ai taché de le rendre sensible à tout lecteur, même à celui qui n'a pas l'habitude de la comptabilité.

D'abord, comme la première fois, vous appercevrez dans cet extrait les sommes de deniers comptables, je veux dire, celles que le trésorier a payées dans la forme qui lui avoit été prescrite, mais qui ayant été par lui remises en masse ou en détail, sur les ordres ou à des agens chargés d'administrations particulières, deviennent à l'égard de ces agens des articles de recette dont l'application doit vous être justifiée.

Vous trouverez donc dans cette première partie de mon extrait, les noms des administrateurs qui ont délivré des mandats sur la somme principale de 100,000 livres; vous y reconnoîtrez le nom des parties prenantes qui ont reçu, quittancé, le montant de ces mandats ; enfin l'objet, la nature et la somme de la dépense qui a causé ces mêmes mandats.

Et, pour faciliter au conseil général, soit la recherche des sommes dont le compte particulier doit lui être rendu, soit la comparaison de mes données avec le bordereau du trésorier, j'ai eu soin de cotter chacune de ces données d'un numéro correspondant avec celui sous lequel chaque article est enrégistré au compte.

Conséquemment, vous avez dans cette première partie de mon extrait tous les documens, qui vous sont nécessaires pour juger de l'exactitude de mon travail. Ces documens vous mettront encore à portée de faire, à l'égard des divers comptables, telles invitations, telles interpellations que de justice et de droit.

Cette première partie est composée de 38 articles pour la somme de 77,050 livres 18 sous 4 deniers, savoir :

	NOMBRE D'ARTICLES.	SOMMES.
Administrateurs des travaux publics...	30	58,585 l. 17 s. 4 d.
Commission des hôpitaux..	2	150 l.
Diverses parties prenantes..	6	18,315 l. 1 s.
Totaux pareils..	38 l.	77,050 l. 18 s. 4 d.

Le détail de cette somme est annexé au présent rapport sous le no. 1.

J'ai suivi les mêmes procédés pour la seconde partie de mon extrait : elle comprend des reprises à exercer sur le département de la guerre, comme dépenses relatives à ce département qui, par cette raison, en doit le remplacement à la caisse de la commune, laquelle a pu seulement en faire l'avance dans des momens d'urgence.

Ces reprises, au nombre de six, pour la somme de 1,966 liv.

sont le résultat d'autant d'arrêtés du conseil général : la présentation au ministre de la guerre de ces arrêtés, ordonnances et quittances, doit en procurer la rentrée dans la caisse de la commune, sans difficulté, même sans délai.

Le détail de ces 1,966 liv., est pareillement annexé au présent rapport sous le n°. 2.

La troisième et dernière partie de mon extrait, appartient à différentes missions dont les membres de la commune ont été chargés. Parmi ces missions, les unes ont entraîné une sorte de comptabilité ; la plupart ont entraîné plus ou moins de responsabilité.

Je dois présenter à ce sujet plusieurs observations au conseil-général.

1°. Je n'ai eu pour base, pour élémens de mon travail, que le bordereau de compte remis à vos commissaires, certifié par le citoyen Vallet de Villeneuve : alors, soit quelques contradictions, soit quelques erreurs, que des comparaisons pourroient offrir, ne seroient point de mon fait, malgré l'assurance que j'ai de l'extrême attention, qu'a apportée le rédacteur de ce compte à rendre le sens et l'esprit de chaque mandat articulé dans le bordereau.

2°. Il y a dans ce compte une infinité de mandats, pour de petites sommes qui ont servi à acquitter des menus frais occasionnés par des missions particulières relatives à la sûreté générale. A l'égard de ces missions, et d'après l'articulation qui en est faite dans les mandats, elles ne m'ont pas paru avoir été accompagnées ou suivies de circonstances telles qu'elles dussent entraîner une reddition de compte ou de comptabilité ou de responsabilité. Ces missions ne sont pas comprises dans mon relevé.

3°. L'inscription au bordereau du compte du trésorier des mandats par lui acquittés, a pu s'éloigner, plus ou moins, de l'exactitude sur les noms, soit parceque plusieurs signatures ne sont pas toujours faciles à déchifrer, soit parceque les noms patrimoniaux n'ont pas d'ottographe, soit parceque le commis du trésorier, ne se sera pas suffisamment appliqué à les transmettre avec clarté, soit enfin parceque, moi-même, je les aurai mal lus.

4°. Le comité de surveillance de la commune a aussi une part très-considérable dans les missions, dont je soumets le relevé. Indépendamment des articles de simple responsabilité, il y en a aussi de comptabilité : alors j'estime que, relativement aux missions que je désigne avoir été attribuées à ce comité, il sera peut-être utile d'en comparer les dépenses avec celles dont le même comité a dû rendre un compte particulier montant, si je ne me trompe, à 80 et tant de mille livres.

5°. Le relevé qui fait la troisième partie de mon extrait, présente donc simplement le nom des commissaires qui, aux termes des mandats par eux signés, m'ont paru avoir été chargés de missions particulières. Dans la seconde colonne, vous trouverez l'objet et la nature de ces missions ; et dans la troisième et dernière colonne, une date qui exprime tantôt celle des arrêtés du conseil-général, tantôt celle du mandat, et tantôt celle du payement du mandat. Ces différences sont en raison du plus ou du moins d'éclaircissemens que j'ai apperçus dans le bordereau du trésorier.

Ces missions particulières sont au nombre de 133, partagées entre 62 membres de la commune : le citoyen Donnay paroît en avoir réuni, soit individuellement, soit collectivement 43. Toutes sont rangées par ordre alphabétique du nom des 62 commissaires.

Je terminerai par une dernière observation ; c'est qu'il est possible, c'est que je suis même persuadé que, déjà, il vous a été rendu compte de presque toutes les opérations, dont je vous présente le relevé, et que très-incessamment sans doute, les comptables qui seroient restés, malgré eux, en retard, s'empresseront de vous donner sur leur gestion tous les comptes que vous avez droit d'en attendre ; mais, dans la supposition contraire, je me flatte qu'il vous restera dans mon travail, les moyens de faire telles demandes, telles réquisitions que vous jugerez nécessaires et convenables. Ce travail, citoyens, je le dépose sur le bureau.

Signé, BURTÉ.

EXTRAIT

*Du compte de l'emploi de la somme de 100,000 liv.,
decrétée le 22 août 1792, pour les dépenses extraordinaires de la commune, provisoirement créée le
10 dudit mois d'août.*

PREMIERE PARTIE.

*Sommes acquittées par le Trésorier dans la forme prescrite,
mais qui ayant été par lui remises en masse ou en détail
sur les ordonnances d'agens chargés d'administrations par-
ticulieres, sont, à l'égard de ces agens, une recette dont
ils doivent justifier l'emploi.*

1º. Sommes payées à divers sur les ordonnances des administrateurs des travaux publics.

No. des articles du compte.		liv.	f.	d.
7	à Paloy, travaux exécutés au Temple.	15,000	»	»
5 et 368	à lui, travaux exécutés aux Tuileries.	18,678	15	4

Enlèvement de gravats aux Tuileries, savoir :

		liv.	f.	d.	
726	à Briard	424			
727	à Lelong	2,118			
728	à Perret	2,550			5,278
729	à Baverier	166			

Total . . . . 38,956 l. 15 s. 4 d.

	li.	f.	d.	liv.	f.	d.
D'autre part.				38,956	15	4

Fourniture de terrines placées au
pourtour des Tuileries ; savoir :

374-à Gameron.	665					
742-à Blanchard.	1.206			} 1,971		

Etablissement de barrières et palissa-
des au pourtour des Tuileries ; savoir :

737-à Chardon , charpentier.	3,068	8	6			
738-à Grenier , serrurier.	1,910	15	»	} 12,102	18	6
743-à Lemarchand , menuisier. . . .	7,113	15	»			

Appointemens des personnes employées
aux travaux exécutés aux Tuileries ;
savoir : . . . .

745-à Gervais, en qualité de piqueur des tra- vaux.	85					
746-à lui, en qualité d'inspecteur, *idem*. .	150			} 235		

Entoisage de pierres provenant de la
démolition des maisons du Ca-
rousel ; savoir : . . . .

739-à Vincennes dit la Jeunesse.	586	8				
747-à Gervais, fourniture de plâtre.	166	10		} 872	18	
748-à lui , transport de matériaux.	120					

736-à Villermier , grilles et terrines au poste de la barrière Montmartre.				5	14	

Démolition et enlèvement des monu-
mens de la féodalité ; savoir : . . .

6-à Menu.	100	»				
740-à Limodin.	36	»				
735-à Mathieu.	380	»				
198-à Caron, serrurier.	32	»				
732-à Chatelle, *idem*.	251	11		} 2,145	6	
744-à Bigot , *idem*.	331	11				
731-à Lebeau , maçon.	99	»				
733-à Caillet, *idem*.	719	»				
730-à Benoît fils, charpentier.	158	8				
734-à Patriarche.	37	16				

Journées d'ouvriers employés à la
dépouille et à l'inhumation des ca-
davres apportés dans le lieu appellé
la Jambisoire , au Petit - Mont-
rouge , et fournitures de chaux des-
tinée à cette opération ; savoir : . .

375-à Charpentier.	1,120	5	6			
377-à Chaignet.	1,176			} 2,296	5	6
			Total.	58,585	17	4

2º. *Sommes payées sur or-*
donnances de la Commis-
sion des Hôpitaux.

	liv.	f.	d.	liv.	f.	d.

98 et 99—à Dulac , secrétaire de ladite Commission , à compte d'appointe-
ment. 150

3º. Sommes reçues par di-
vers , et dont ils doivent
justifier l'emploi.

65—à Goban et Millien , avance dans l'af-
faire de Rousseau , intendant de
Bouillé. 1,200
95—à Fournier, à compte des dépenses
à faire par les troupes rendues à
Orléans , à l'occasion des prison-
sonniers . . . . 6,000 } 17,200
199—à Talbot et l'Epine , pour travaux
exécutés au Temple. 10,000

392—à Bourdon - Vatry , somme qu'il a
reçues à la charge d'en faire le
versement à la trésorerie nationale,
provenant de salaires attribués au
gardien des scellés apposés à Mont-
regard , en septembre 1792 , des-
quels salaires , ledit gardien , non
désigné , a fait don pour les dépenses de la guerre , ci. 105
78—à Donnay, à compte des dépenses
du détachement parti pour l'expé-
dition de Chantilly. . . . . 600 } 1,010 1 9
741—à Lui , somme à lui remise en assignats sur une partie du produit
qu'il avoit versé à la caisse de la
Commune , des jettons et espèces
monnoyées , par lui saisis chez
Demenou , rue Royale. 410 1 9

Total. 18,315 1 9

DEUXIEME PARTIE.

Reprises à exercer sur le Département de la Guerre, pour dépenses acquittées par la caisse de la Commune, laquelle a pû seulement en faire l'avance.

		liv.	liv.
85—	Subsistances des enrôlés pour le camp sous Paris..	300	
192—à	Chappelet, travail du secrétaire préposé audit enrôlement.	18	357
193—à	Jerly, pour *idem*.	39	
280—à	Lamarche d'Arjoinville, officier de la légion de Montesquiou, à valoir sur ses appointemens.		200
285—à	Moudon, Fourbisseur, fourniture d'armes..		209
710—à	Labarre, pour payer, sous sa responsabilité, les ouvriers employés aux Invalides à la fabrication des cartouches..		1,200
	Total.		1,566

TROISIEME PARTIE.

ETAT nominatif des Membres de la Commune provisoire du 10 août 1792, qui ont été chargés de diverses missions, en conformité des arrêtés du Conseil-Général, mentionnés au compte des 100,000 livres destinées aux dépenses extraordinaires de la Commune, aux termes du décret du 22 dudit mois d'août 1792.

NOMS DES COMMISSAIRES.	OBJETS DES COMMISSIONS.	DATES.
LES CITOYENS,		
BAILLY	Arrestation d'un Membre de la Commission des Monnoies, & scellés sur ses papiers.	13 Août.

NOMS DES COMMISSAIRES.	OBJETS DES COMMISSIONS.	DATES.
LES CITOYENS,		
BELLIOT......	Scellés à la ci-devant Abbaye de Sainte-Geneviève.	20 Septembre.
LUI.........	Commission des Hôpitaux.	29 Août.
BERNARD......	Scellés chez Marie, maître de pension de Picpus.	10 Octobre.
BOSQUE........	Scellés chez Venmarin, capitaine de grenadiers du bataillon des Filles Saint-Thomas.	11 Septembre.
BOURDON-LÉONARD.	Expédition d'Orléans.	26 Août.
BOURDON-VATRY....	Scellés chez Thierry, au Garde-Meuble, à Ville d'Avray et à Mauregard.	15 Dit.
BRICARD.......	Scellés chez Montbarey.	19 Octobre.
CAZETTE.......	Arrestation de d'Aubigny.	9 Septembre.
	Transport à la Commune des souliers déposés à Saint-Denis.	9 Idem.
	Arrestation d'un Membre de la Commission des Monnoies, et scellés sur ses papiers.	13 Août.
	Mission à Saint-Germain-en-Laye.	20 Dit.
CHARLES.......	Affaire de Lacroix, généalogiste de l'ordre de Malthe.	20 Septembre.
	Affaire de Gibet.	
CHAUMETTE.....	Diverses missions non désignées.	19 Août.
	Commission des Hôpitaux.	20 Idem.
CHARTREY......	Arrestation de d'Angremont.	12 Dit.
CHAUVIN.......	Dépôt des effets trouvés sur les individus morts au Châtelet.	8 Septembre.
CLAUCHET......	Visite à l'hôtel de la Rochefoucault, rue Saint-Maur.	3 Décembre.
COHENDET......	Arrestation de Chignard et Laurent.	29 Août.
COMITÉ DE SURVEILLANCE.	Arrestation de l'Evêque.	17 Dit.
	Scellés chez Lanisson.	10 Dit.
	Expédition chez Dubu de Longchamp.	19 Dit.
	Expédition des suisses de Courbevoye.	Idem.
	Scellés chez Parisot.	Idem.
	Arrestation de Montesquiou et de l'abbé de Brémont, à Saint-Germain-en-Laye.	Idem.
	Scellés chez Lamillière, rue Saint-Lazare.	22 Dit.

NOMS DES COMMISSAIRES.	OBJETS DES COMMISSIONS.	DATES.
LES CITOYENS,		
COSANGES.........	Scellés au ci-devant Couvent de Popin-court.	10 Septembre.
DANGÉ.........	Scellés au couvent de Bon-Secours, rue de Charonne.	5 Dit.
DANJOU.........	Arrestation de d'Angremont.	12 Août.
DAUGE.........	Arrestation de la Rivière, marchand de chevaux, rue Mêlée.	21 Dit.
	Scellés chez de Menou, rue de l'Egalité.	Sans date.
	Déménagement des Maisons appartenantes aux émigrés.	13 Août.
	Expédition de Chantilly.	16 Dit.
	Scellés chez d'Harcourt.	18 Dit.
	Scellés dans une maison, passage Saint-Jean-Baptiste.	Idem.
	Scellés chez Montmorin.	22 Dit.
	Scellés chez Mallet.	Idem.
	Scellés chez la dame Polignac, rue d'Anjou.	23 Août.
	Scellés chez la dame Chatenay.	24 Dit.
	Scellés chez Durancourt, rue Pépinière.	23 Dit.
	Expédition à Monceaux.	25 Dit.
	Scellés chez la dame Larivière.	26 Août.
	Scellés chez le bailly de Crussol.	Idem.
	Scellés chez Saint-Priest.	Dit.
	Scellés à l'église de Saint-Philippe du Roule.	3 Septembre.
DONNAY.........	Scellés chez Mallet, rue d'Anjou.	5 Dit.
	Scellés chez Lavaupallière.	7 Dit.
	Scellés chez de Coigny, rue de Miromesnil.	8 Dit.
	Scellés chez Latourdonet, rue de la ville-l'Evêque.	Idem.
	Scellés chez de Flerste Vertain, rue de Courcelles.	Idem.
	Scellé chez d'Araucourt, rue Pépinière.	Idem.
	Scellés chez de Surgères, rue de la Ville-l'Evêque.	9 Dit.
	Scellés chez de Senevois, rue de la Ville-l'Evêque.	Idem.
	Scellés chez Maillet, passage du Soleil-d'Or.	10 Dit.
	Scellés chez de Créquy, rue d'Anjou.	Idem.
	Garde de la maison du Séquestre, rue du Faubourg du Roule.	Idem.
	Scellés chez la dame Chabanais, rue de la Ville-l'Evêque.	11 Dit.

NOMS DES COMMISSAIRES.	OBJETS DES COMMISSIONS.	DATES.
LES CITOYENS,		
	Scellés chez la dame de Vaudemont, rue de l'Université.	13 Dit.
	Scellés maison de Levillain, rue d'Anjou, d'un magasin de meubles à Dablinet.	Idem.
	Scellés chez Dunizy, rue de la Ville-l'Évêque.	17 Septembre
	Scellés chez le ci-devant prince Xavier.	24 Dit.
	Scellés chez Bourdon, faubourg Saint-Honoré.	Idem.
	Scellés chez Belzunce.	Idem.
SUITE	Scellés chez de la Blanque.	Idem.
DE	Scellés chez Barmatre, rue du faubourg Saint-Honoré.	Idem.
DONNAY.	Scellés chez de la Bellinaye.	25 Dit.
	Scellés chez la dame Lartour, rue du faubourg Saint-Honoré.	28 Dit.
	Scellés chez Du'uc, rue du faubourg Saint Honoré.	5 Octobre.
	Scellés chez Romainvilliers, rue Chapon, nº. 19.	8 Dit.
	Scellés chez Bury, rue du faubourg Saint-Honoré.	Idem.
	Scellés chez Grossier, rue Pépinière.	Idem.
	Scellés chez Beauvoir, rue de l'Arcade.	11 Dit.
	Scellés chez Belzamir, rue du Marché.	Idem.
DUCHESNE.....	Scellés au couvent de Bon-Secours, rue de Charonne.	5 Septembre.
	Expédition au Gros-Caillou.	8 Dit.
	Inventaire des effets trouvés au château des Tuileries, et à l'hôtel de Coigny.	9 Dit.
	Scellés aux Petites-Écuries, faubourg Saint-Denis.	17 Dit.
DUPRÉ.........	Recensement des effets remis et à remettre aux particuliers logés aux Tuileries, aux hôtels de Brienne, de Coigny et autres.	25 Dit.
DURAND.......	Enrôlement pour le camp sous Paris.	25 Août.
DUVAL d'ESTAIN.	Saisie chez Condé, à Chantilly.	23 Dit.
DEVARENCHES...	Enrôlement pour le camp sous Paris.	25 Dit.
EMY.........	Commission des Hôpitaux.	19 Août.
FOURNIER.....	Expédition d'Orléans.	26 D't.
FRANCHET......	Recette provisoire à la Commune, et versement dans les dépôts des objets retirés des églises, ou saisis chez divers particuliers.	Août Septembre Octobre et Novembre.

NOMS DES COMMISSAIRES.	OBJETS DES COMMISSIONS.	DATES.
GOBAN.	Affaire de Rousseau, intendant de Pouillé.	21 Août.
GODART.	Scellés chez Jeulin, administrateur à Saint-Cloud.	12 Septembre.
GORET.	Arrestation de d'Angremont.	12 Août.
GRENIER.	Dépôt des effets trouvés sur les individus morts au Châtelet.	8 Septembre.
GREPPIN.	Recette provisoire à la Commune, et versement dans les dépôts des objets saisis chez divers particuliers, ou retirés des églises.	Août, Septembe, Octobre et Novembre.
GUÉRARD.	Saisie à Chantilly.	23 Août.
GUIGNE Jeun.	Scellés chez Thierry, à Ville-d'Avray.	13 Dit.
	Scellés chez Damas.	1 Septembre.
	Scellés chez Capy.	5 Octobre.
HUGUENIN.	Affaire de Jacob, marchand de chevaux, faubourg Saint-Denis.	30 Août.
JAILLANT.	Scellés chez Gibé.	6 Septembre.
JAMES.	Exécution de divers ordres du comité de surveillance, de la Commune et de l'Assemblée nationale.	17 Août.
	Arrestation de Chignard et Laurent.	19 Dit.
JOBERT.	Visite au Louvre dans le local occupé par Laporte.	23 Dit.
JÉROME.	Recollement des saisies faites chez d'Artois par Lechevallier.	4 Septembre.
LANGLOIS.	Opération à la Poste.	18 Août.
	Missions non désignées.	6 Septembre.
	Affaire du couvent des Récollets, et du Bon-Pasteur.	17 Dit.
	Evacuation des Cazernes.	20 Dit.
LEFEVRE.	Arrestation de de Poix.	21 Août.
LEGRAY.	Visite au Louvre dans le local occupé par Laporte.	23 Août.
LEVAILLANT.	Scellés chez Capy.	5 Octobre.
LEVY, fils.	Opération non désignée.	13 Août.
MATHIEU.	Visite à l'hôtel de la Rochefoucault, rue Saint-Maure.	3 Septembre.
	Scellés chez Jeulin, administrateur à Saint-Cloud.	12 Dit.
MERCIER.	Opération à la Poste.	18 Août.
	Scellés chez l'abbé Sicard.	12 Septembre.
	Saisies dans les Séminaires irlandais anglais et eudistes.	17 Dit.
MICHONIS.	Recette provisoire à la Commune, et versement dans les dépôts des objets retirés des églises, ou saisis chez divers particuliers.	Août, Septembre, Octobre et Novembre.

NOMS DES COMMISSAIRES.	OBJETS DES COMMISSIONS.	DATES.
MILLIEN	(Affaire de Rousseau, intendant de Bouillé.)	21 Août.
NICOUD	Recollement des saisies faites chez d'Artois par Lechevalier, huissier.	4 Septembre.
	Dépôt des effets trouvés sur les individus morts au Châtelet.	8 Dit.
	Scellés chez Bartheuil, inspecteur du Louvre.	17 Dit.
PANTACLIN	Scellés chez Bertheuil, Inspecteur du Louvre.	17 Septembre.
Pepin-D'Egrouhette	Scellés aux Eudistes.	30 Août.
	Diverses missions non désignées.	du 10 Août au 3 Septembre.
PROFINET	Visite chez Dey, rue Sainte-Anne, no. 81.	3 Septembre.
RICHARDON	Scellés chez Montbarey.	19 Octobre.
RIGAUD	Commissions des Hôpitaux.	22 Août.
ROMEL	Saisie chez Condé, à Chantilly.	23 Dit.
RONCERAY	Mission à Saint-Germain-en-Laye.	20 Dit.
SURVEILLANCE	Voyez comité de	
TALLIEN	10,400 livres, argent en fond, reçu de Tessier, Sigault, Niette et Colombeau.	2 Dit.
	Expédition d'Orléans.	26 Dit.
TESSIER	Commission des Hôpitaux.	2 Dit.
THOMAS	Scellés chez Thierry, à Ville-d'Avray.	25 Dit.
VINCENT	Scellés chez Sicard.	12 Septembre.

De l'Imprimerie de C.-F. PATRIS, Imprimeur de la Commune, rue du fauxbourg Saint-Jacques, aux ci-devant Dames Sainte-Marie

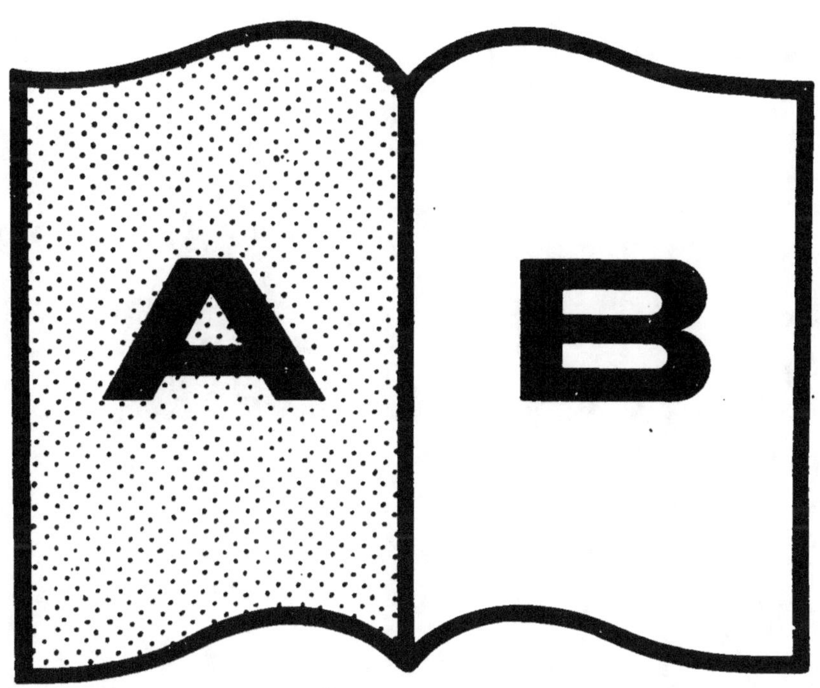

Contraste insuffisant

NF Z 43-120-14